Guia de bolso SPIN para vendas complexas por telefone

4 etapas que farão você vender mais e melhor

Roberta da Trindade

SUMÁRIO

AGRADECIMENTOS

Agradeço a todos que fizeram e fazem parte da minha formação: família, professores, amigos, gestores e colegas de trabalho. Vocês são parte do que sou e grandes responsáveis pela profissional que me tornei. A todos meu muito obrigada.

INTRODUÇÃO

Olá! Seja muito bem-vindo(a) e parabéns por ter adquirido o exemplar dessa obra, que estou certa, te ajudará e muito, a alavancar suas vendas de caráter mais complexo.

Quando iniciei minha carreira, atuar com vendas não era necessariamente uma profissão como a consideramos atualmente, não existiam muitas dicas sobre o assunto. Muito era aprendido na prática.

Hoje existem cursos, materiais para profissionalização, pesquisas. Quisera eu, ter em mãos essas dicas no início da minha carreira, motivo pelo qual resolvi escrever esse guia de bolso. Esse material é baseado no livro de SPIN SELLING de Neil Rackham[1], lançado na década de 80 e um dos maiores best-sellers na área de negócios e até hoje o material científico mais rico na área de vendas.

Mas por quê escrever um guia baseado em um material que já existe? Quem já leu o livro, sabe que Rackham alicerçou sua pesquisa integralmente em visita de vendas. Também é um livro com mais de 200 páginas.

Minha proposta foi adaptar esse livro transformando-o em uma guia de bolso prático a todos que trabalham com vendas, sobretudo por telefone.

---

1 RACKHAM, NEIL. **ALCANÇANDO EXCELENCIA EM VENDAS** - SPIN SELLING, M.BOOKS. Tradutor: ROSA, MARIA LUCIA. 2009.

O Brasil passa atualmente por uma crise sem precedentes, temos atualmente, segundo o IBGE- Instituto Brasileiro de Geografia e Estatística- quase 14 milhões de desempregados. A área comercial é uma das poucas que segue contratando, na contramão da crise. Muitos profissionais que não possuíam conhecimento algum sobre vendas, estão migrando para a área comercial. O perfil de vendas também tem mudado nos últimos anos. Atualmente se vê crescimento exponencial das vendas por canais usando a tecnologia.

Nessa circunstância, fica ainda mais relevante a capacitação profissional.

O perfil do consumidor também mudou. Estamos na era 4.0. Nosso cliente é muito mais antenado, questionador, tecnológico do que a geração passada. Ele pesquisa e muito antes de comprar, e não se contenta com respostas vazias. E em se tratando de vendas complexas, dificilmente comprará por impulso.

Dito isso, eu te pergunto: quais as dificuldades que você tem enfrentado para fechar suas vendas? Como você tem lidado com a concorrência no mercado de trabalho? Qual o impacto da crise econômica do Brasil para suas vendas? Como você tem se capacitado para atender o novo perfil de consumidor? Qual sua estratégia de vendas multicanal?

Não estou te oferecendo aqui uma fórmula milagrosa, porque venda não é mágica. Venda, ao contrário do que muitos acreditam, é ciência com boas pitadas de arte.

O que eu te ofereço nesse exemplar, é um compilado de um estudo científico que durou 12 anos, foi testado em 23 países, teve como base acompanhamento de mais de 35.000 visitas de vendas e é aplicado nas maiores empresas do mundo. Para você que tem pouco tempo para leitura, mas que é ávido por aprendizado, pretende alavancar suas vendas ou simplesmente está iniciando agora sua carreira em vendas, te ofereço um guia inicial para entendimento rápido sobre a metodologia SPIN Selling adaptado para vendas multicanais com foco maior no atendimento telefônico. Essa metodologia tem sido aplicada em meus treinamentos e com as equipes como as quais trabalho, com 100% de aproveitamento.

Esse livro vai te ajudar a

incrementar suas vendas, desde que você tenha a coragem de aplicar os conceitos apresentados nessas páginas. Grande parte do que você aprendeu sobre técnicas de vendas até hoje, possivelmente te ensinou como insistir no fechamento e, me perdoe a franqueza, essa insistência, muitas vezes, certamente espantou seu cliente em potencial. Quer resultados melhores? Faça algo diferente.

Fique comigo. Adoraria receber seu feedback após leitura e aplicação do conteúdo. Escreva-me: robertatrindade@gmail.com

Boa leitura e bons negócios!

1.CONHECENDO NEIL RACKHAM

Quase todo vendedor, já foi treinado, leu o livro, ou ao menos ouviu falar em SPIN Selling. Mas antes de falarmos sobre a metodologia de vendas mais famosa do mundo, vamos conhecer Neil Rackham?

Ao contrário do que muitos pensam, Rackham não era vendedor e sim, psicólogo, PhD em Análise do Comportamento. E foi graças ao seu espírito pesquisador e empreendedor que essa metodologia foi difundida em todo o mundo.

Rackham, nascido na Inglaterra, dedicou grande parte de sua carreira em pesquisar métodos que quantificassem habilidades e desempenho dos negociadores de sucesso.

Na década de 70, ele fundou a

Huthwaite Research Group com a finalidade de oferecer serviços de pesquisa e consultoria para as grandes corporações em todo o mundo. Uma das principais pesquisas envolvia a mensuração da interação no comportamento, com o desenvolvimento de ferramentas que pudessem auxiliar e quantificar a importância da habilidade interpessoal nas negociações.

IBM e Xerox foram as primeiras a injetar 1 milhão de dólares naquela que foi a maior pesquisa sobre vendas realizada até hoje. Foram 12 anos investidos em pesquisas realizadas em mais de 23 países, envolvendo 30 pesquisadores e mais de 35 mil atendimentos monitorados. Rackham foi o primeiro a mensurar cientificamente o comportamento de compra e venda.

Com esses insights, na década de 80, mais precisamente em 1988, o livro Making Major Sales (Realizando Grandes Vendas) foi lançado no mercado europeu. No mesmo ano, Neil publicou mais 2 livros, os quais são *best sellers*, fenômenos de vendas como Major Account Sales Strategy e o SPIN Selling, livro de cabeceira de muitos vendedores até hoje.

A Huthwaite é hoje uma das maiores consultorias do mundo, atendendo os maiores *players* do mercado em diversos lugares do mundo. Inclusive no Brasil, contamos com uma unidade do Instituto. Conheça em https://huthwaite.com.br

Como podemos ler inclusive no site da Huthwaite:

> Destruidora de Mitos, a pesquisa da Huthwaite conceituou a diferença entre vendas simples e complexas, o que significa foco no cliente para o cliente e a importância do vendedor alinhar seu comportamento com as fases do processo psicológico dos clientes ao tomarem decisões de compras de alto valor, criando um novo e inovador capítulo na venda consultiva.

2. VENDAS SIMPLES E VENDAS COMPLEXAS

Seremos práticos no que tange à definição de vendas simples e complexas. Muitos definem vendas simples como aquela que exige menor esforço do vendedor, ou seja, o cliente já está predisposto a comprar. Outros a definem como aquela venda com itens de menor valor, sem muito impacto ao consumidor se acaso ele vir a se arrepender da aquisição.

Usaremos, no entanto, a definição disponível no livro SPIN, que diz que a venda simples é aquela que pode ser realizada em único dia, normalmente na presença do vendedor e pode ser utilizado como motivador da compra o elemento impulso. Quem de nós, nunca comprou uma bugiganga sem necessidade, somente porque o vendedor demonstrou bem o produto, ou porque achamos barato, ou simplesmente porque achamos o item bonitinho? A cada mês, tenho ao menos uma peça do meu guarda-roupa entregue à doação adquirida por um desses três motivos, ou pelos três de uma vez.

A grande descoberta de Rackham foi que a técnica responsável pelo sucesso em vendas simples, pode se tornar o pior inimigo do consultor em vendas complexas.

Para quem conhece ao menos um pouco da arte de vender, e me corrijam se eu estiver errada, já se deparou com os seguintes passos para finalizar uma venda: abordagem, investigação, demonstração do produto, contorno de possíveis objeções e fechamento.

Ao realizar vendas maiores, mais do que conhecer o produto, o consultor precisa conhecer o cliente. Mais do que testar técnicas e mais técnicas de fechamento, o vendedor precisa trabalhar incansavelmente a sondagem. Quando se fala em vendas sem contato presencial com o cliente, essa necessidade aumenta exponencialmente.

Tudo porque as vendas ditas complexas, além de normalmente estarem relacionadas com maior investimento, não deixando ao cliente margem para erros, muitas vezes envolvem decisões conjuntas, as quais deixarão o comprador exposto. Assim eu te pergunto: você realmente acredita que as mesmas técnicas utilizadas em vendas simples, formatadas em 1920, poderão funcionar para vendas complexas, sobretudo, com o consumidor 4.0?

Você pode pensar nesse momento: sim, sempre vendi dessa forma com resultados.

Mas eu te digo, se você consegue executar a mesma abordagem de venda para ambos os tipos em diferentes canais e ainda assim ser bem-sucedido, considere-se um felizardo. Mas O Instituto Huthwaite depois de mais de 35.000 acompanhamentos e 12 anos de pesquisa pode te assegurar que existe uma forma muito mais efetiva de alavancar suas vendas. Se é esse seu objetivo com essa leitura, continue a ler as próximas páginas.

Quando falamos em vendas complexas, é impossível dissocia-la do consultor, pois na maioria das vezes, vendas grandes exigem relacionamento, exigem tempo para fortalecimento e fechamento do negócio. Até que ponto o cliente está disposto a desenvolver relacionamento com você? Como conquistar a confiança do cliente fazendo vendas pelo telefone ou pelo WhatsApp? Eis os motivos que impedem muitas vezes o comprador de tomar a decisão imediata, vamos aos exemplos:

Um diretor, precisará trocar todas os computadores de sua empresa. Essa é uma decisão que envolve não somente alto investimento, como também exposição de sua decisão, motivo pelo qual ele dificilmente fechará esse negócio sozinho, muito possivelmente envolverá um ou dois setores nessa tomada de decisão.

Outra situação: um cliente está buscando uma universidade para realizar sua primeira graduação. Essa é uma decisão que impactará no mínimo em 3 ou 4 anos de sua vida. Até que ponto ele está pronto para assumir um compromisso dessa magnitude com você ou com sua empresa?

Um casal recém-casado decidiu comprar um imóvel para morar. Convenhamos que comprar um imóvel é diferente de comprar pratos ou copos. É uma decisão que não deixa margem para erros. O que diria o vendedor que passou pelo treinamento tradicional de vendas? Vou oferecer o maior número de casas ou apartamentos, um deles será o que o casal procura.

Mas o que diria o consultor que domina a metodologia SPIN? Descobrirei o máximo de informações desse casal para somente então ofertar a melhor solução.

Imóveis que se ajustem sob medida aos anseios e necessidades da nova família que está se formando.

Que tipo de vendedor, você escolheria para te ajudar? Que tipo de vendedor, você é?

Poderíamos expor muitos outros exemplos, mas acredito que você já entendeu. Você acha que a simples descrição do produto, ou simplesmente dominar as técnicas de fechamento, poderiam ser eficazes para esses casos? A resposta é definitivamente não.

Forçar o fechamento do negócio quando o cliente não está pronto para comprar, expor uma infinidade de produtos que não está de acordo com as necessidades do cliente ou ainda ofertar produtos sem a demonstração da capacidade é afastar seu cliente, mesmo que potencial, para bem longe.

3. COMPORTAMENTO E SUCESSO EM VENDAS

Sondagem, contorno de objeções, fechamento. Esses elementos te soam familiar? Você, assim como eu, certamente aprendeu nos treinamentos de venda, ou pela prática, que em uma venda bem-sucedida não poderia faltar esses 5 passos:

1) Abertura
2) Investigação
3) Apresentação do produto
4) Manejo de objeções
5) Técnicas de fechamento

Tal técnica foi lançada na década de 20. E por décadas pequenas e grandes empresas usaram essa sequência para realização de suas vendas. O que Rackham evidenciou em sua pesquisa, no entanto, é que essas etapas podem funcionar bem para vendas simples, mas na grande parte das vezes se tornam ineficazes quando as vendas se tornam maiores. Essa constatação inclusive foi na contramão das técnicas aplicadas pelas empresas na época em que o livro SPIN foi lançado.

Você pode estar se perguntando: será que vendi errado minha vida toda? Você está me dizendo que essa técnica não funciona?

Não se apavore. O que estou dizendo, é que esses passos funcionam para vendas simples, do contrário não os utilizaríamos desde 1920. Porém, para vendas complexas, existem fortes comprovações que essa sequência de passos é menos efetiva.

Como descrito em capítulo anterior, quando as vendas se tornam maiores, o comprador, na maioria das vezes, hesita em fechar negócio no mesmo instante. São vendas que às vezes demoram meses, ou até anos para serem concluídas. Isso pode parecer um pouco óbvio, porém, é importante perceber que a psicologia de uma venda simples é totalmente diferente da psicologia de uma venda complexa.

Assim como a psicologia de uma venda presencial é diferente da psicologia de uma venda online.

Um exemplo bem prático. Quero vender um casaco para o inverno: na loja física é comum lojistas deixarem o ar condicionado mais frio para incitar no consumidor o desejo de compra desse item. Em vendas por telefone, isso é possível?

Ok Roberta. O que você está dizendo é que preciso mudar minha forma de vender conforme as vendas se tornam maiores e conforme o canal de atendimento? Sim, exatamente isso. Vamos exercitar em termos práticos.

Uma venda simples normalmente envolve decisões tomadas na presença do vendedor. Mas em uma venda em que são necessários multiatendimentos as deliberações mais importantes ocorrem no intervalo entre eles.

Uma boa apresentação sobre seu

produto pode exercer fascínio temporário sobre seu cliente, dias depois, quanto ele lembrará do que você disse? Se você não estiver conversando com o decisor da compra, a situação se agrava ainda mais um pouco. O quanto seu ouvinte vai lembrar para contar sobre o produto para quem vai dar a palavra final? Por isso, a importância de termos uma decisão no ato em termos de vendas. Mas sabemos que nem sempre conseguimos extrair do cliente a frase mágica, "negócio fechado", no ato.

Sendo assim, é ilógico usar o mesmo tipo de negociação para os diferentes tipos de venda. Se você ainda não se convenceu, vamos lá para mais alguns argumentos.

Outro elemento que distingue vendas simples de vendas complexas é que na venda de único atendimento é possível vender sob pressão usando diversas técnicas de fechamento, o que pode ser totalmente desastroso em um tipo de vendas multiatendimento. Acho que todos já passamos por ambos os tipos de negociação ou conhecemos alguém que já passou.

Certa vez entrei em um showroom para ver carros. O vendedor muito simpático, me abordou, deu boas-vindas, perguntou se eu pretendia trocar de carro ou estava lá para conhecer a marca. Respondi que estava vendo algumas opções. Percebi que o profissional era do tipo que conhecia muito sobre o produto que está vendendo, pois com a minha resposta foi logo explicando tudo sobre os carros em exposição, veículos em promoção, qual a potência do motor, como determinado carro estava sendo vendido mais para mulheres do que para homens.

O vendedor era também daquele tipo bem treinado com todos os tipos de fechamento presentes na literatura. "Vai parcelar ou prefere desconto à vista?";

"Esse é meu último veículo em estoque, não vou poder reservar pra você"; "Você pode escolher entre IPVA grátis ou o tanque cheio, qual dos dois você prefere?". Na cabeça dele, possivelmente ele achou que estava arrasando. Mas o máximo que ele conseguiu de mim foi "obrigada e até nunca mais". Quem de nós quer comprar um bem de maior valor sob pressão?

Assim como esse meu exemplo, quantos mais poderíamos citar. Sem dúvida, cada um de nós, tem no mínimo um exemplo para contar.

Por que para vendas maiores, a simples demonstração do produto e a tentativa de fechar a venda a todo custo não é efetiva?

Dentre outros aspectos, o principal, é que nem sempre estamos preparados para tomar uma decisão no ato. Mais ainda, em uma venda que exigirá relacionamento com o vendedor ou com uma marca temos que estar seguros da nossa decisão.

Então o que fazer? Veremos em próximo capítulo.

4. GRAU DO COMPROMISSO DO CLIENTE

Na medida em que a venda aumenta, vendedores de sucesso devem construir valor percebido de seus produtos ou serviços. A construção do valor percebido é provavelmente a habilidade mais importante em vendas maiores. E o grande truque quando falamos em vendas realizadas por telefone.

A maioria das vendas maiores envolve relacionamento contínuo com o cliente. As pessoas que vendem bens ou serviços de alto valor, em geral, obtém grande parte de seus negócios cultivando seus clientes existentes, e muitos outros clientes vêm por indicação.

Determinada Instituição de Ensino, considerada uma das maiores no segmento de educação, relatou-me que 75% de seus novos clientes vêm por indicação.

Quantos de nós já compramos em determinado local ou de determinado vendedor por incentivo de outra pessoa? Está aí a importância do relacionamento. Você como consumidor, prefere realizar uma compra no escuro, ou antes de comprar procura saber sobre a aceitação da marca e do produto? Você já indicou um local em virtude do atendimento?

E como vendedor? Já recebeu indicações de seus clientes? Seus clientes voltam para comprar com você? Se a resposta for não para alguma dessas últimas questões, reflita como está seu relacionamento com seus clientes.

Em vendas complexas, as pessoas hesitam em comprar um produto ou um serviço porque consciente ou inconscientemente elas sabem que terão que iniciar um relacionamento. Novamente, o que funciona em vendas simples, nem sempre funcionará em vendas complexas. Em uma venda grande, produto e vendedor podem se tornar indissociáveis na mente do cliente.

Em uma compra simples, os clientes podem assumir riscos porque as consequências do erro ou do impulso são relativamente pequenas. Todos nós, ao menos uma vez na vida, já compramos itens inúteis, bugigangas que nem sabemos para que servem.

Em uma decisão maior, porém, é diferente. Se eu compro um carro errado, não há como escondê-lo em uma prateleira, não é verdade? Decisões maiores da mesma maneira, são mais públicas e uma má decisão é mais visível.

Nem sempre se trata apenas do valor monetário a ser investido, mas também da reputação. Novamente, vendas grandes são diferentes de vendas menores em termos de psicologia do cliente. Como resultado: exigem habilidades muito distintas em vendas.

Graças a pesquisa idealizada pelo Instituto Huthwaite - Neil Rackham e equipe - temos os pontos de similaridade entre os vendedores de sucesso para obtenção de compromisso com o cliente no que tange às vendas de alta complexidade.

Neil Hackam, dentro dessas 4 fases nos indica os estágios que não poderão faltar em um processo de vendas, sobretudo nas complexas. Proponho algumas dicas voltadas ao atendimento telefônico. Confira:

4.1- Abertura

- Em venda por telefone, procure descobrir previamente quem é seu cliente, seu nome, sua cidade, em que etapa do funil de vendas ele está. Nessa etapa é importante fazer coisas simples, gravar o nome do cliente, começar a construir a relação de diálogo.

- Procure conhecer o cliente, seu histórico de compras, se já é cliente da empresa. Se sua empresa possui sistemas como CRM essa busca ficará ainda mais facilitada.

- Tenha em mãos um script de vendas. Quando falo em roteiro estou falando de um planejamento que auxiliará o vendedor no processo de vendas. Quando um jornalista lê uma notícia, você sabia que ele possui um aparelho chamado teleprompter? Nunca é possível dizer que ele está lendo a notícia, não é verdade? O script para o vendedor é como o teleprompter para o jornalista. Pense no script como um roteiro organizado com ideias que precisam ser transmitidas ao cliente, nunca um modelo engessado, que remete ao cliente a impressão que está falando com um robô. Como em tudo, isso exige técnica e treino.

- Sorriso na voz, isso mesmo, fale sorrindo; elogios sinceros, comentários pertinentes, são sempre bons quebra-gelos.

- Em caso de venda ativa, ou seja, a venda em que você entrará em contato com o cliente, vá direto ao assunto. Você terá apenas os primeiros segundos para conquistar a atenção do cliente.

4.2 Dê atenção à investigação

- Vendedores bem-sucedidos colocam seus principais esforços nesta etapa. Pois é neste momento que procuram descobrir e entender as necessidades e/ou problemas do cliente e sua capacidade de compra, para que posteriormente possam demonstrar a melhor solução. (assunto será aprofundado no capítulo 6) Nesta perspectiva, o fechamento passará a ser mero detalhe, uma vez que para um cliente que está convencido a comprar, técnicas de finalização são desnecessárias. Ao não prestar atenção nesta etapa, o vendedor, perderá preciosa oportunidade de entender do que o cliente realmente necessita.

4.3 Demonstre a capacidade de sua solução

- Quanto maior for a venda, mais complexa ela se torna, e, por conseguinte, maiores as preocupações do cliente em firmar um compromisso. Vendedores com menos êxito, tendem a ir em frente com o fechamento, sem levar em consideração que possam existir ainda questões que não foram respondidas. Já vendedores bem-sucedidos, tomam a iniciativa de perguntar ao comprador se ainda existem outros pontos ou preocupações que deveriam ser tratados. Esta atitude gera confiança e demonstra preocupação genuína com o cliente e com suas necessidades.

- **Faça um resumo dos benefícios-** quanto mais complexa a venda, mais tópicos abrangerá. Um vendedor bem-sucedido resumirá os pontos-chave da discussão, clarificando e relembrando os principais pontos abordados, com foco principal nos benefícios conforme o que foi levantado na etapa da investigação. Esta é a oportunidade de confirmar com o cliente suas necessidades e/ou problemas atuais, ao mesmo tempo em que é possível oferecer a melhor solução por meio do produto e/ou serviço.

4.4 Proponha um compromisso

- A frase "tentar o pedido" ou "tentar fechar a venda" é comum em treinamentos de vendas. Porém, tentar não é o que necessariamente vendedores de sucesso fazem. Os vendedores de sucesso não perguntam, eles dizem de forma natural e eficiente qual será o próximo passo adequado ao cliente. Em termos simples:

a. A obtenção de compromisso faz com que a venda prossiga de alguma forma;

b. O compromisso deverá ser de acordo com o que o cliente será capaz de assumir. Nunca pressionar o cliente, além dos limites que ele poderá atingir. O objetivo principal, muito mais que fechar uma venda é abrir um relacionamento.

Muitas vezes, alguns vendedores são descritos como "fracos em fechamento", quando de fato, são inábeis em investigar. A pobreza na habilidade de sondagem faz com que pareçam fracos nos outros estágios da venda, e por este motivo, com menor probabilidade de se destacarem. Sendo assim, dentre as ações, invista maior tempo na investigação e as demais, ficarão facilitadas.

5. CONFIANÇA: O INGREDIENTE FUNDAMENTAL

É perceptível que atualmente os produtos e serviços estão muito similares, dessa maneira o que se destaca, e muitas vezes é mandatório na decisão do cliente, é o atendimento. A força de vendas nesse aspecto é um importante ativo para as organizações e tem se revelado tão importante quanto ofertar bons produtos.

Como já citado em outros capítulos, tão importante quanto a sua oferta, é o seu relacionamento com o cliente. Assim, atenção para aspectos relevantes que podem determinar o sucesso ou fracasso em suas vendas.

1. A venda possivelmente será frustrada se o cliente não te comprar como pessoa; se ele não sentir empatia, confiança e simpatia por você;

2. A venda possivelmente será frustrada se o cliente não te comprar como profissional; se ele não sentir segurança em suas informações; se ele perceber que você está apenas preocupado com a venda e que não há interesse genuíno nele ou em suas necessidades;

3. A venda possivelmente será frustrada se o cliente não comprar sua empresa como marca. Muitas vezes quando o cliente diz que o produto está caro, é porque ele ainda não conseguiu identificar valor em sua marca ou em seu produto. Não conseguiu identificar algo que valha o investimento ou recursos investidos;

Dessa maneira, vender não é simplesmente entregar o que o cliente está pedindo. E sim, entregar o que o cliente está precisando naquele momento ou que precisará a curto, médio ou longo prazo. Ser um consultor que identifique o problema, a dor, a necessidade desse cliente com verdade, preocupação legítima, sinceridade, empatia fará todo diferença. O ato de fechar o negócio será uma consequência desse processo.

Certa vez fui comprar um apartamento. Fiz uma lista de aspectos que eu fazia questão no imóvel e outros que eu não queria de forma alguma. O imóvel era para morar com meus pais. Um dos critérios exigidos era que o valor do condomínio fosse baixo, pois estava saindo do antigo apartamento justamente por essa questão.

Logo, apartamentos com condomínio de baixo valor, na localização em que eu estava buscando, surgiram, sendo a maioria deles sem elevador. Durante o processo de visitação, expliquei para um dos corretores que não havia importância se o apartamento fosse com escadas e no terceiro ou quarto andar.

Ele me inquiriu quantos anos tinham meus pais. Se eu tinha pretensão de comprar outro apartamento daqui a alguns anos ou se pretendia morar naquele apartamento por muitos anos. Então fez eu refletir que naquele momento, não havia importância se o apartamento fosse em andares mais altos porque meus pais estavam com todas as condições de subir as escadas, mas a médio prazo isso poderia se tornar um problema. Inclusive, buscou apartamentos em andares mais baixos dali em diante. Ou seja, ele não me vendeu o que eu pedi, e sim, fez eu refletir, fez uma consultoria e seu aconselhamento fez com que eu confiasse nele para me ajudar a escolher meu novo imóvel. Agora, novamente pergunto: a simples demonstração do produto e as velhas técnicas de fechamento funcionariam para esse tipo de venda? Pouco provável.

Você pode estar se perguntando: mas

por telefone, é possível conquistar a confiança do cliente? Pode até ser pessimista e afirmar, duvido que esse processo seja possível sem olho no olho, sem atendimento presencial. Pois eu posso afirmar que é possível, não é à toa que o setor de telemarketing continua crescendo independentemente da crise e é um setor que se mantém empregando cada vez mais gente.

É importante ressaltar aqui, que o telemarketing, assim como o processo de vendas tradicional, tem passado por transformações. Atualmente é possível encontrar times muito bem qualificados trabalhando na área. As novas tendências de atendimento, como Omnichannel têm dominado o setor.

O que pretende essa tendência? Proporcionar experiência de qualidade aos clientes por meio dos mais diversos canais, como telefone, chat, redes sociais, lojas físicas, e-mails. Ademais, as experiências de compra e venda não se limitam a esperar o cliente ir buscar seu produto. Atualmente uma das fortes tendências é a captura ativa, as "iscas" para captura de leads e assim por diante.

Tenho quase uma década de experiência com televendas, inclusive sendo responsável pela área de treinamento e qualidade no atendimento da equipe de call center de uma grande Instituição de Ensino. Pude evidenciar a transformação dessa área e com isso, a alteração na tecnologia e até mesmo do perfil de contratação desse público. O treinamento também precisou acompanhar as tendências. Hoje, o call center é responsável direto por 40% da receita da empresa, contribuindo indiretamente para alavancar as vendas vindas da internet e do atendimento presencial.

Conquistar um cliente que já conhece a marca, que está ao seu lado para realização da demonstração de um produto e que já está motivado a comprar é uma coisa. Agora, convencer um cliente, por telefone, que aquele projeto de vida que ele mantém desde que tinha 18 anos poderá ser realizado pela sua marca, é outra coisa. Percebemos a complexidade da venda nesse aspecto. A complexidade da venda nem sempre mora no investimento, muitas vezes é preciso entender o apelo emocional que aquela escolha exerce no cliente.

Assim, não tenho dúvidas em afirmar que a qualidade do relacionamento é um dos novos critérios de decisão em um tempo onde produtos e serviços atingem alto nível de comoditização. É importante lembrar, porém, que até mesmo a confiança é diferente em vendas simples e em vendas maiores, enquanto nessa a confiança é no vendedor, naquela é no produto.

Atingir a confiança do cliente é o

primeiro passo do fechamento da venda. Pode ser que o cliente não compre seu produto na hora, mas em algum momento ele se lembrará de você e da sua marca. O seu desafio é manter esse vínculo de confiança.

Rackham nos deixou uma ferramenta poderosa para vendas complexas baseada nos 3 "C"s: concern, candor e competence. Ou seja:

- (Concern) <u>preocupação</u> real nos sentimentos e pensamentos do cliente;

- (Candor) <u>sinceridade</u> sem exageros, honestidade ao não saber de uma determinada informação;

- (Competence) <u>competência</u> nas atividades exercidas, saber o que está falando, ter habilidades técnicas.

6. SPIN:4 ETAPAS QUE FARÃO VOCÊ VENDER MAIS E MELHOR

Enfim, chegamos ao capítulo que detalhamos as quatro etapas fundamentais que farão você vender mais e melhor. E o mais importante, com eficácia cientificamente comprovada na prática.

Como já mencionado no capítulo 3, os passos identificados por Reckham em um processo de vendas são: abertura, investigação, demonstração de capacidade e obtenção de compromisso. Também já discutido que desses, a investigação é primordial para descoberta dos problemas e necessidades do cliente, pois é a partir dessa sondagem que analisaremos qual a melhor opção a ser ofertada ao nosso cliente. Por mais que perguntas fechadas, aquelas que exigem sim ou não como resposta, possam ser necessárias em algum momento, em vendas as perguntas abertas se revelam mais poderosas.

As perguntas abertas permitem que o

cliente faça revelações inesperadas, o que te ajudará e muito no processo. Na dúvida realize perguntas abertas. Substitua:

- Você gosta de verde? (sim/não-fechada)

Por:

- Qual sua cor preferida? (aberta)

Ou:

- Você gosta de ler?

Por:

- Com qual frequência você lê?

São muitos exemplos que eu poderia utilizar, mas tenha em mente que perguntas abertas estratégicas te ajudarão a chegar mais próximo do seu objetivo. Pense no contexto dos seus negócios, que perguntas posso modificar e que me ajudarão no processo de vendas?

Mas é aqui que as coisas começam a ficar mais difíceis para o vendedor. Você pode estar pensando, ok, eu sei o que fazer, mas como fazer?

É nesse ponto que a técnica SPIN Selling começa a ficar interessante, pois nos ensina como realizar as perguntas corretas. É isso mesmo, Rackham nos ensina a montar uma estrutura com 4 etapas formada por perguntas que nos orientarão no processo de vendas até a obtenção de compromisso.

Mas o que afinal de contas é o SPIN? O SPIN é um padrão de perguntas, um método de vendas, cuja sigla significa Situation, Problem, Implication e Need Pay-OFF.

- **Situation**- Perguntas de SITUAÇÃO;
- **Problem**- Perguntas de PROBLEMA;
- **Implication**- Perguntas de IMPLICAÇÃO;
- **Need Pay- Off**- Perguntas de NECESSIDADE DE SOLUÇÃO

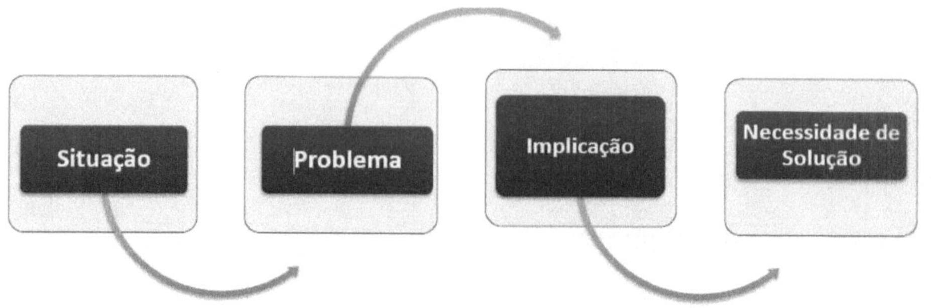

6.1. Perguntas de situação

Tais perguntas em um processo de vendas têm o intuito de entender a situação do cliente, em que momento profissional ou pessoal ele está, o produto é para ele ou para presente, o que ele espera desse produto ou serviço. Ou seja, criar e manter diálogo, fazer perguntas certas, ouvir, esses são passos importantes nessa etapa que chamamos de pré-qualificação.

Vamos pensar naquele cliente que quer iniciar um curso de Graduação e entra em contato com uma Instituição de ensino para ter acesso às informações primárias do curso. O que você faria?

a) Passaria a relação de todos os cursos disponíveis no portfólio da Instituição

b) Investigaria o interesse e a necessidade do cliente, para focar nos cursos que serão mais relevantes para o cliente posteriormente

c) Escolheria 2 ou 3 cursos mais procurados para divulgar ao cliente

Vendo assim parece fácil, a escolha sem pensar muito seria a letra B. Mas no dia-a-dia, na realidade do atendimento será que é assim que acontece?

Em minha experiência com o atendimento, é perceptível verificar muitas vezes, o anseio do vendedor em fechar o negócio. Quantas vezes são repassadas apenas informações primárias sobre o produto ou serviço, pulando em seguida para o convite ao fechamento. Ou da mesma maneira é transmitido um amontoado de informações sem ao menos entender o que o cliente necessita.

Vamos fazer uma analogia rápida, você troca olhares com uma pessoa, já vai pedi-la em casamento? Ou ainda, quando você começa a conversar com a pessoa, somente fala sobre você? É o mesmo que acontece na venda, é necessário um período para um conhecer o outro. Continuando com o exemplo da busca do curso:

☑ A dica é investigar o cliente, área de atuação, se já sabe o curso que tem interesse, se conhece já a Instituição em questão, momento de vida (casado, tem filhos, se está trabalhando, ou buscando outra oportunidade profissional, promoção), qual motivo em fazer esse curso em específico, qual o tempo quer dispor para a conclusão do curso, quanto tempo tem para se dedicar ao curso e o principal, ouvir do candidato os motivos, situação, dele.

☑ Conduza a conversa em cima do que é importante para o cliente. Exemplo: seu cliente te informa que precisa se formar rapidamente porque já está no mercado de trabalho e a empresa exigiu uma certificação. O que você fará? Oferecerá um curso de 5 ou de 3 anos? Para o cliente o importante é fazer um curso rápido, fale mais sobre as Graduações de menor duração. Conte casos de sucesso como alunos que fizeram os cursos de graduação com menor duração da Instituição.

Em resumo, as perguntas de situação são o estágio inicial para conhecer melhor o consumidor. Isso vale para os demais produtos.

Pratique:

Vamos pensar em outro exemplo: uma empresa que não é muito conhecida no mercado de eletrônicos quer iniciar a venda de seus computadores focando em pessoas físicas, escolheu o formato televendas para isso. Que perguntas o vendedor poderia fazer:

- Você já ouviu falar na marca xx? Não ser conhecida no mercado não é algo negativo. É a excelente oportunidade que você tem para demonstrar a capacidade de seu produto. No estágio inicial, seja breve, mas demonstre segurança que você tem um bom produto e o cliente felizardo está sendo um dos primeiros a prestigiar o pré-lançamento.

- Há quanto tempo você comprou seu último computador? Essa pergunta investiga se é um computador de lançamento ou já está obsoleto para os padrões atuais;

- Quantos computadores você tem em casa? Essa simples pergunta faz você identificar qual o perfil desse cliente. Nesse caso, o potencial cliente já pode te informar que tem apenas um computador, porque mora sozinho, ou de repente tem mais de um computador porque é fissurado em tecnologia. Nesse caso, a próxima pergunta vai esclarecer bastante coisa.

- Em sua residência, você é o único que usa computador? Perceba a oportunidade de descobrir quantos clientes poderá ter na mesma residência. Outras perguntas para identificação de perfil:
- Seu computador de trabalho é pessoal ou da empresa?
- Você utiliza seu computador com qual frequência?
- Com qual finalidade você utiliza o equipamento? (Doméstico, trabalho, jogos)

Agora pense no seu produto ou serviço, escreva todas as perguntas que poderão te ajudar a descobrir a situação do cliente.

6.2. Perguntas de problema

Vamos pensar na mesma empresa que vende computadores por telefone, foque suas perguntas de maneira que o diálogo possa ter continuidade:

- Como está seu computador atual?

- Que dificuldades você vê atualmente no seu equipamento?

- Seu computador já foi para assistência técnica alguma vez?

- Se você precisar baixar um novo programa, imprescindível para seus projetos pessoais, seu computador atual terá capacidade?

O que essas perguntas têm em comum? Convidam o cliente a revelar alguma insatisfação e/ou problema implícito. Induzem o cliente a perceber que ele deve investir naquele recurso para melhorar aspectos em seu dia-a-dia.

Essas também, devem servir como complemento para identificar situações problema, porém, também não são as mais usadas em vendas complexas, sendo fortemente usadas e recomendadas para vendas simples. Isso acontece porque a identificação de necessidades implícitas não é sinônimo de sucesso em vendas maiores. Por outro lado, perguntas de problema são insumos a partir dos quais o restante da venda será construído.

Em resumo, as perguntas de problemas servirão para que o consumidor identifique valores no produto ofertado, bem como servem para o vendedor conhecer não somente as insatisfações atuais, mas antecipar problemas futuros.

Pratique:

Vamos pensar em uma empresa que vende programas de treinamento via chat e telefone. Ela precisa aumentar sua receita, mas não sabe muito bem por onde começar. O vendedor resolveu então investir em um catálogo aleatório de pequenas empresas. Que perguntas de problema, esse vendedor poderia fazer, julgando que consiga falar com o responsável pela empresa?

- Você me disse que costuma treinar sua equipe uma vez por semestre, o que acontece quando há modificação de algum procedimento?

- Quais as avaliações que você costuma fazer para ter certeza que o colaborador mais experiente tem o necessário para treinar sua equipe?

- A falta de treinamento já impactou negativamente em seus negócios em algum momento?

Agora pense no seu produto ou serviço, escreva todas as perguntas que poderão te ajudar a descobrir uma necessidade ou um problema desse cliente em potencial.

6.3. Perguntas de Implicação

É nessa fase da investigação que a maioria dos profissionais estagna, doutrinados por uma cultura adquirida no estilo de vendas simples. Se em vendas simples, detectar problemas e apresentar a solução é eficaz, em vendas complexas somente ir até essa etapa pode não ser tão eficiente. Vamos ao exemplo utilizado por Reckham (2009:88)

> Vendedor: (Pergunta de situação) Você usa máquinas Contortomat nesta divisão?
> Comprador: Sim, tenho três
> Vendedor: (Pergunta de problema)E seus operadores têm dificuldade em operá-las?
> Comprador: (Necessidade Implícita)São bem difíceis, mas aprendemos a fazê-las funcionar.
> Vendedor (oferecendo uma solução) Poderíamos resolver essa

> dificuldade operacional para você
> com nosso novo sistema Easiflo.
> Comprador: Quanto custa seu
> sistema?
> Vendedor: O sistema básico custa
> cerca de $120 mil e...
> Comprador (surpreso)$120 mil!!!Só
> para ter uma máquina mais fácil de
> usar? Você só pode estar brincando.

O que podemos observar nesse curto diálogo? O comprador detecta que tem um problema, porém, não percebe que a necessidade justifique esse grande investimento. Se o sistema tivesse um valor simbólico (venda simples) possivelmente a reação do comprador seria diferente. Sendo assim, em vendas maiores não basta detectar os problemas e ofertar soluções, é preciso dar andamento à negociação com as perguntas de implicação, para que o cliente perceba quais os impactos desse problema e somente então, o vendedor poderá ofertar a solução.

Como o vendedor poderia ter continuado sua venda no diálogo acima? Vamos ao que Rachkam (2009:89) ensina:

Comprador: (Necessidade Implícita)São bem difíceis, mas aprendemos a fazê-las funcionar.

Vendedor: (Perguntas de implicação) Você diz que são difíceis de usar. Qual efeito isso tem em sua produção?

Comprador: (percebendo o problema como pequeno) Muito pouco porque treinamos especialmente três pessoas que sabem como usá-las.

Vendedor (pergunta de implicação) Se você só tem três pessoas que podem usá-las, isso não cria gargalos no trabalho?

Comprador (ainda achando que o problema não é importante) Não, somente quando um operador de Contortomat sai é que temos problema, enquanto esperamos um substituto para ser treinado.

Vendedor(Pergunta de implicação)Parece que a dificuldade de usar essas máquinas pode estar levando a um problema de rotatividade com os operadores que você treinou. Certo?

Comprador (reconhecendo um problema maior)Sim, certamente as pessoas não gostam de usar máquinas Contortomat, e os operadores geralmente não ficam conosco muito tempo.

Vendedor:(pergunta de implicação) O que essa rotatividade significa em termos de custo de treinamento?

Comprador: (vendo mais) Requer alguns meses até que um operador adquira proficiência, então isso pode representar $4 mil em salários e benefícios para cada operador. Ainda por cima, pagamos à Contortomat $500 para colocar novos

> operadores em treinamento externo
> em sua fábrica em Southampton.
> Logo, acrescentamos talvez $100
> para custos com viagem. Sabe, isso
> dá $5 mil para cada operador que
> treinamos- e acho que devemos ter
> treinado pelo menos cinco só este
> ano.
> Vendedor: Então isto representa
> mais de $25mil em custos de
> treinamento em menos de 6 meses.
> (Pergunta de Implicação) Se você
> treinou cinco pessoas em seis
> meses, parece que nunca teve três
> operadores totalmente qualificados
> simultaneamente: qual a perda de
> produção que isso acarretou?

A investigação continuou, nesse diálogo o vendedor descobriu que mais custos eram acrescidos em hora extra e/ou trabalhos eram enviados externamente sem garantia de que seria bem executado.

Sendo assim, que impacto teve o vendedor na decisão do comprador? Perceba que se, ao realizar pergunta de problema, o comprador observa somente que há dificuldade na operacionalização da máquina, com as perguntas de implicação, o comprador pode observar perda de qualidade nos serviços, custo de trabalho terceirizado, custos com hora extra, rotatividade, custos altos em treinamento, além da dificuldade no uso do maquinário. Assim os $120 mil já não parecem um valor alto frente a todas essas implicações, não é verdade?

Perceba que esse exemplo, pode ser muito bem aplicado em qualquer canal de venda, desde que você vendedor consiga prender a atenção do cliente em um primeiro instante e realize perguntas que façam sentido para ele.

Esse é o objetivo das perguntas de implicação em vendas complexas. Elas justificam a tomada de ação para um problema que antes parecia pequeno. Alguns exemplos de pergunta de implicação:

- Que efeito isso causa no seu resultado?
- Isso atrasará o início ou continuidade do seu projeto?
- Isso elevará em quanto seus custos?

- O quanto isso atrapalha a ascensão em sua carreira?

- Com esse problema sua rotatividade aumenta em quantos por cento?

- Qual seu custo mensal em manutenção?

Resumindo, as perguntas de implicação fazem o comprador entender que seu problema é maior do que parece. Para isso, o vendedor precisa conhecer concorrência, mercado, cenários e principalmente a solução que está vendendo.

Pratique:

Vamos continuar pensando naquela empresa que vende programas de treinamento via chat e telefone. O vendedor já conseguiu identificar e fazer com o que o cliente identificasse alguns problemas. Agora o que o vendedor precisa é trabalhar de forma que suas próximas perguntas justifiquem o investimento do cliente em um programa de treinamento.

- Segundo o que eu entendi, quem aplica os treinamentos é um funcionário com mais experiência. E o que aconteceria se esse colaborador deixasse a empresa?

- De acordo com o que me falou você já teve retrabalho em virtude de colaboradores que não executam bem o processo. Qual a média de tempo que sua empresa gasta por mês para refazer um trabalho que poderia ter sido bem feito na primeira vez?

- A colaboradora mais experiente que treina os novatos é a que mais produz. Qual o custo de deixá-la longe da operação para treinar os colaboradores?

Agora pense no seu produto ou serviço, escreva todas as perguntas que poderão ajudar o cliente em potencial a perceber que seu problema terá uma consequência maior do que a imaginada.

6.4. Perguntas de Necessidade de Solução

Se com as perguntas de implicação é possível observar a dimensão de um problema que a princípio parecia pequeno, com as perguntas de necessidade de solução é possível construir elementos com a utilidade da solução. Ou seja, com elas é possível questionar a utilidade de resolver um problema. Equivale a dizer que o vendedor está ali com a solução necessária para aquele problema. Exemplos de pergunta de necessidade de solução:

- Para sua empresa, é importante resolver esse problema?
- Por que considera útil essa solução?
- De que forma isso poderá te ajudar?
- Que benefícios você vê?

- Por que isso é necessário para você?

- Ajudaria se você pudesse...

- Posso supor que você gostaria de ter um aprimoramento nisso?

- Isso é útil apenas por razões de custo ou haveria algo mais?

Perceba que as perguntas de necessidade de solução na psicologia da venda provocam dois efeitos: (RACKHAM, 2009:96)

- Faz com que o comprador foque sua atenção na solução e não no problema ou dificuldade.

- Faz com que o próprio cliente diga sobre os benefícios de ter aquela situação resolvida.

Ademais, esse bloco de perguntas reduz objeções, ou seja, se você vendedor pode fazer com o que o cliente te diga de que maneiras a solução ajudará, as objeções não serão estimuladas. Os clientes gostam de serem tratados como especialistas e isso fará toda a diferença em seu processo de vendas.

Outro benefício desse tipo de perguntas é treinar o próprio cliente para que ele venda internamente sua solução. Pense em um gerente de departamento, se ele conhece bem seu produto ele poderá defender bem a necessidade de ter sua solução em outros departamentos da empresa. Ou, ao contrário, se seu cliente não possui conhecimento técnico de seu produto, como poderia dar explicações sobre ele para o decisor da compra ou para outros compradores interessados?

O melhor dos mundos é aquele em que o comprador explica os detalhes e benefícios que o produto poderá proporcionar a ele. Isso é algo que as perguntas de necessidade de solução ensejam.

Para o comprador, sentir que suas ideias podem fazer parte da solução geram um maior grau de confiança e entusiasmo, a partir do momento em que é criada uma história de engajamento entre ele e o produto ou serviço.

Em resumo, as perguntas de necessidade de solução focam na solução e não no problema, fazem com que o cliente pense e verbalize os benefícios, aumentando a aceitabilidade da solução. Além de treinar os clientes para vender internamente seu produto.

Pratique:

Pensando nas empresas que utilizamos como exemplo, que perguntas de necessidade de solução podemos utilizar?

- Qual o custo do retrabalho? Concorda que é maior do que o investimento em um programa de treinamento?

• Você me falou que usa seu computador já foi para a assistência técnica. E se eu te disser que com um investimento bem menor ao mês você terá um computador de última geração. Como isso te ajudaria?

• Você me falou que precisa de um curso rápido para concorrer a uma promoção. E se eu te falar que temos cursos de graduação com conclusão em 2 anos focado para as necessidades do mercado de trabalho, como você vê essa informação?

Agora pense no seu produto ou serviço, pense em todas as informações que você conseguiu obter do cliente nas três etapas anteriores. Utilize-as em seu favor, ao mesmo tempo em que oferta a sua solução para resolver o problema desse consumidor. Não esqueça de realizar validações para se certificar que o que você está afirmando foi exatamente a dor que seu cliente relatou.

EXERCÍCIO BÔNUS

Atividade: Planeje a próxima venda

1. Qual é a sua oferta? (Produto, serviço, solução)

____

____

2. Qual o perfil do cliente que você irá atender?

____

____

SONDAGEM

1. SPIN - Perguntas sobre a SITUAÇÃO:

Que perguntas você poderá realizar para investigar a situação geral do prospect/ cliente?

a)____

____

b)____

____

c)____

____

2. SPIN - Perguntas sobre PROBLEMAS:

Que perguntas você poderá realizar para investigar se o cliente tem algum problema, dificuldade, preocupação.

a)____

____

b)____

____

c)____

____

3. SPIN - Perguntas sobre IMPLICAÇÃO:

Que perguntas você poderá realizar para fazer com o que o cliente reflita sobre as consequências do problema?

a)____

____

b)____

____

c)____

____

4. SPIN - Perguntas sobre NECESSIDADE DE SOLUÇÃO:

Que perguntas você poderá realizar para evidenciar o que precisa ser resolvido e como vai resolver.

a)____

____

b)____

____

c)____

____

> **Ao preencher a tabela abaixo de objeções e contra objeções, pense nos itens que você possui flexibilidade para negociar (ex: desconto, prazos, condições) e nos itens que você não tem flexibilidade para negociar (ex: valores, tempo de entrega, local de atendimento) ?**

QUE OBJEÇÕES PODERÃO SURGIR NESTE TIPO DE NEGOCIAÇÃO?	QUE PERGUNTAS PODERÁ FAZER PARA CONTORNAR AS OBJEÇÕES?

> Dica: Utilize o formulário abaixo **durante a entrevista e anote os pontos mais importantes** e as preocupações-chave do cliente. A seguir, **valide com o cliente, a solução, benefícios.**

RESUMO PARA O FECHAMENTO = utilize na entrevista com o cliente.

Preocupações-chave (sondagem)	Que produto/serviço posso ofertar?	Benefícios	Como esse benefício pode ajudar meu cliente?
1)			
2)			
3)			

CONCLUSÃO

Chegamos ao fim do conteúdo explicativo sobre o SPIN, mas certamente esse guia é somente o começo para você. Não pretendo com esse material esgotar o assunto em vendas complexas, ao contrário, pretendo incitá-lo a ler cada vez mais sobre o assunto.

Espero que os exemplos, exercícios e o conteúdo explicativo dos 4 passos abordados que formam o SPIN para vendas complexas te ajudem a vender cada vez mais e melhor. É importante, no entanto, ter em mente que no começo você pode ter dificuldades em modificar seu estilo de venda e terá fortes ímpetos e manter a mesma técnica do passado. Então minha dica é:

- Comece devagar incluindo em doses homeopáticas perguntas de situação, de problema, de implicação e de necessidade de solução em suas negociações.

- Mesmo que sua empresa te ofereça um script, faça seu próprio roteiro de atendimento com perguntas que foram incorporadas às suas vendas e que deram certo. Use a abordagem que sua empresa sugere, afinal, quem faz os roteiros estuda para isso, mas não deixe de realizar suas contribuições conforme o que conversamos até aqui;
- Monte uma gama de perguntas que poderão te ajudar em suas vendas.
- Realize simulações de venda com seus colegas de trabalho ou com pessoas com o mesmo interesse que você. Aposto que quando surgir uma situação, estará muito mais apto a resolvê-la;

Lembre-se: o modelo SPIN é sucesso porque foi um método criado pensando nas perguntas que realmente são relevantes para o cliente. O processo quando seguido toca definitivamente na psicologia de compra, fazendo com que o cliente perceba problemas, dificuldades, ao mesmo tempo em que percebe as possibilidades de resolução.

Segundo esquema SPIN criado por Reckham (2009:107):

O vendedor usa **Perguntas de Situação (S)** para estabelecer um contexto que leve a **Perguntas de Problema (P)** de modo que o comprador revele **Necessidades Implícitas** que são desenvolvidas por **Perguntas de Implicação (I)** que fazem o comprador sentir o problema de modo mais claro e agudo, levando a **Perguntas de necessidade de Solução (N)** de modo que o comprador declare **Necessidades Explícitas** permitindo que o vendedor declare **Benefícios** que estão bastante relacionados ao sucesso em vendas!

Com a geração de consumidores 4.0 o processo de compra e venda está passando por uma metamorfose. Cada vez mais as vendas estão sendo realizadas por multicanais. Isso equivale a dizer que a profissão vendedor acabará?

Absolutamente. Mas creio plenamente que o papel do profissional de vendas se tornará muito mais ativo. O vendedor precisará ser consultor. As vendas consultivas serão cada vez mais utilizadas, sendo assim, observe as dicas dispostas ao longo desse livro e já comece a coloca-las em prática.

Como falei, no início pode parecer um pouco difícil. Por isso deixei como bônus o exercício para que planeje sua próxima venda. Quando escrevemos, conseguimos já montar a história em nossa cabeça. Por isso, aproveite o exercício para escrever as etapas do SPIN testando no seu produto ou serviço. De uma coisa tenho certeza, em qualquer solução envolvendo vendas complexas essas quatro etapas do SPIN auxiliarão.

Use sem medo, sem moderação. No início mudar o esquema de vendas que você já está acostumado, pode parecer assustador, mas quem garante a efetividade não sou eu, e sim, uma pesquisa científica, cujos resultados já foram testados com absoluto sucesso pelas maiores empresas do mundo, inclusive testada por mim nas empresas em que já atuei seja como vendedora, seja como instrutora de treinamento. Então aproveite a vivência e aumente seu faturamento com esses 4 simples passos.

SOBRE A AUTORA

Roberta Fabiani da Trindade é paranaense, vendedora e gestora comercial há mais de 20 anos. Seus últimos 10 anos foram dedicados também a escrever, organizar palestras, treinamentos e workshops, facilitar e multiplicar conteúdos sobre vendas, liderança, gestão comercial, gestão de pessoas, soft skills, atendimento e relacionamento com o cliente.

Atualmente é coordenadora de Treinamento e Qualidade no atendimento com foco em prospecção e fidelização de novos clientes para uma das maiores Instituições de Ensino do Brasil em Educação à distância, antes coordenadora de Relacionamento com foco em Negócios.

Possui sólida vivência na área comercial e atendimento nas áreas de varejo e educação, bem como na gestão de pequenas e grandes equipes com foco em desenvolvimento de pessoas para qualidade e resultados. Responsável por mapear processos, desenvolver novos projetos, programas de formação inicial e continuada, programas para liderança, 5s, desenho de fluxos de trabalho, indicadores, desenvolvimento de manuais de instruções, procedimentos e afins.

Graduada em Administração, pós-graduada em Formação para docentes de Educação à distância, especialista em Gestão de Pessoas e em Gestão Comercial e Vendas. Roberta já realizou inúmeros cursos na área de vendas, treinamento e inovação, sendo os mais recentes, os cursos de

Gamification pela University of Pennsylvania- USA e Design Thinking para inovação nos negócios pela University of Virginia- USA.

www.ingramcontent.com/pod-product-compliance
Lightning Source LLC
Chambersburg PA
CBHW051220250726
48655CB00006B/2509